Урош Петровић

Бајке

Других седам

Илустровао Александар Золотић

Laguna

Бајке

Других седам

Садржај

Острво белих бисера 9

Тајни поноћни план 27

Тајна старе кокосове палме. 45

Једини сиви 63

Храстова шума. 81

Музеј загонетних предмета 99

Берачица чаја 117

Острво
белих
бисера

О стрво белих бисера било је толико удаљено од најближег копна да се сматрало готово изгубљеним у океану. У самој средини мајушног копна налазио се купасти угашени вулкан.

На острву је живела малобројна заједница људи. Живели су као породица, што уопште није чудно ако се зна да су заправо и били једна породица. Звали су се разнолико а презивали Либесериби, ко зна откад и зашто баш тако.

Најмлађа међу њима била је девојчица Томка, тек стасала да самостално рони и прикупља бисере из шкољки. Тиме су се, уосталом, бавили и сви остали.

Бисере су једном годишње размењивали на Пло-
већој пијаци, у једином дану када би ово велико
пловило за трговину и трампу крстарило близу
њиховог острва.

Породица Либесериби је на свом рајском острву
живела у миру, радости и слози.

Међутим, прича о маленом рају препуном бисера тајним шапатом долута и до ушију страхотних гусара, чувених по похлепи и грозоти – били су то зачарани костури седморице гусара, оних који нису могли да почивају у миру јер су били покопани ван океана.

Чим чу за Острво белих бисера, клепетава банда
подиже мрка једра свог страшног брода. После
дуге потраге опазише малено острво са купастим
вулканом у средини.

Искрцаше се раном зором и похваташе Томкине родитеље и сву браћу и сестре, те их завезаше за палме тешком бродском ужади. Само је девојчица успела да се притаји и, носећи пуну корпу бисера, одшуња до растиња крај самог вулкана.

„Где су бисери? Желимо их све!", драо се костур са капетанском капом и својим ликом на њој.

„Ако ми одмах не кажете где кријете бисере, потрудићемо се да личите на нас", запрети уз клепетање вилице.

„Ево их овде! Погледајте како су лепи! Глатки су и савршено округли!“, довикну Томка, извирујући изнад жбуна иза којег се до малочас скривала.

Девојчица им показа корпу пуну предивних белих куглица.

Омамљена призором,
страхотна банда појури ка њој, а
она ка врху вулкана. Успон је био опа-
сно стрм и незгодан, али Томка је ту расла
— успињање до врха високе купе било јој је једна
од омиљених игара. Иако је носила тешку корпу с
бисерима, вешто је хитала узбрдо. Костури су је,
на својим климавим ногама, с напором пратили.

Када се домогла врха, окрете се ка својим прогонитељима, који су се пентрали уз стрмину. Сачекала је да јој приђу на свега неколико корака.

„Ево бисера колико хоћете! Ево вам све!", узвикну цура и изврну корпу наопачке.

Хиљаде бисера закотрља се низбрдо према унезвереним скелетима.

Са толико куглица под ногама, наста општа вра-
толомија. Прогонитељи се стрмекнуше низ косину
вулкана, котрљајући се до подножја. Костури се
раставише на саставне делове, и то тако да више
никад не могу да се саставе.

Томка и њена породица их одвезоше на пучину
и убацише у океан да на његовом дну почивају и да
се више не враћају свету којем не припадају.

Породица Либесериби настави да живи срећно
у свом тропском рају, а малу Томку су од тада звали
Томка Костоломка.

Тајни
поноћни
план

вао се Беж'одавде. У ствари, он је само мислио да се тако зове јер су му баш те речи људи довикивали кад год би им се приближио.

„Беж'одавде! Беж'одавде!"

То је било зато јер је тај пас помало личио на вука, па су људи од њега зазирали.

А он је био само луталица, сâм од када зна за себе. Нико није желео да га прихвати.

Једном је помислио да је можда стварно вук. Иако се плашио тих загонетних, дивљих рођака и од њих се опрезно скривао, храбро је покушао да се приближи чопору грабљиваца који је владао Таласастом планином.

Чим је добри пас крочио на територију вукова Таласасте планине, читав чопор одмах је појурио незваног госта.

Беж'одавде је бежао одатле као никада пре.

Ипак, звери су га пристизале. Највише му се приближио накострешени вођа чопора, и умало га није ухватио. Беж'одавде се спасао у последњи час, побегавши тако што је скочио са водопада и сакрио се у пећини која се налазила тик иза те силне обрушавајуће воде.

Вукови одусташе од потраге, јер њихов вођа није волео да се купа. Мрзео је то још из времена када је био непослушно штене.

Потмуло режећи, накострешени грабљивци се повукоше ка својим планинским шумама.

А у пећини, у којој је једва било неколико сно-
пова светлости што се пробијала кроз слапове моћ-
ног водопада, нашег пријатеља, који је сада био
мокар као пас који је управо прошао кроз водо-
пад, окружише слепи мишеви.

Беж'одавде се није уплашио. Он им се пристојно
обрати и објасни како се нашао у њиховом дому.

„Људи ме одувек терају јер ме се плаше мислећи
да сам вук. Сад бар поуздано знам да нисам", рече
им он тужно.

„Разумемо те, и ми имамо исти проблем. Људи се и нас плаше јер летимо ноћу, али највише зато што нас не познају. Ми, у ствари, баш као и сва друга бића у природи, само хоћемо да живимо. Можда бар теби можемо помоћи", хорски одговорише ноћни летачи.

И они се договорише.

Већ исте вечери слепи мишеви одглумише напад на оближње планинско село. Било их је заиста много. Летели су ројећи се у ниском лету изнад глава становника. Људи су били сасвим престрашени.

Тада се из шуме појави Беж'одавде и ко бајаги
растера страшна ноћна бића, а, у ствари, своје
пријатеље. Све се одвијало баш по договореном
тајном плану.

Људи почеше да кличу псу спасиоцу.

Беж'одавде више никада није морао да бежи одатле.

Живео је добро са људима — он их је чувао и играо се с њиховом децом, а они су га пазили и хранили, баш као што све добре куце и заслужују.

И још нешто — од тада је добио и ново име. Прозвали су га Спаса.

Тајна старе кокосове палме

ао Пе је био веома спретан момак. За свега неколико трену-така успевало му је да се попне на врх највише палме и досегне зреле кокосове орахе у средишту крошње. То би чинио без помагала

као што су комади лијане или колут ужета. Чим
би дошао до драгоцених плодова, вешто би их
увртао док се не откину и падну на тло.

Људи су толико волели да гледају младићеву вештину да су за његове кокосове орахе радо плаћали и више него што је на њиховом острву било уобичајено. Сви су га знали и хвалили.

Био је познат и по једном чудном обичају. Ђао Пе никада није прода- вао све орахе које би убрао – један од сакупљених плодова са сваке палме увек би односио до стрме литице и бацао га у океан.

„Ја своје испунио!“, викнуо би по извршењу тог чина.

Тај ритуал није обављао случајно – када је једном заспао испод старе, повијене палме, догодило се нешто веома необично. Велика биљка га је пробудила звекетом свог сувог лишћа. Младић је прво помислио да се с њим шали неко од другара или да је крошњу запосео какав нервозни мајмун. Међутим, запањи се када виде да се дрво само повија. Тада зачу чудноват, шуштав шапат.

„Слободно узимај нашу децу, али једно од њих увек однеси на литицу и даруј га таласима!“, биле су речи које је разабрао.

Ђао Пе се уплаши, поскочи и побеже. Ником није причао о чудном догађају, уверен да би га острвљани задиркивали. Уосталом, ни сам није био сигуран у ком тренутку се заиста пробудио – пре или после онога што је чуо.

Он ипак реши да послуша молбу коју је чуо, било да је одсањана или није — са сваке палме коју би походио, један кокосов орах би бацао у плаве, пенушаве таласе.

Једнога дана завлада нека чудна болест и ра-
шири се по острву. Сви становници су попадали
у постељу, нашавши се у обамрлом, беспомоћном
стању.

Када су већ били на измаку снага, до острва доплови некакав сплав, на којем је била девојка са косом до земље.

Када виде исцрпљене острвљане како тешко болују, она хитро набра неке дивље траве и бобице.

Истуца их у дрвеном авану, те од добијеног труња
и кокосове воде справи напитак којим напоји кло-
нуле острвљане.

После неколико дана неге сви су почели да се
опорављају.

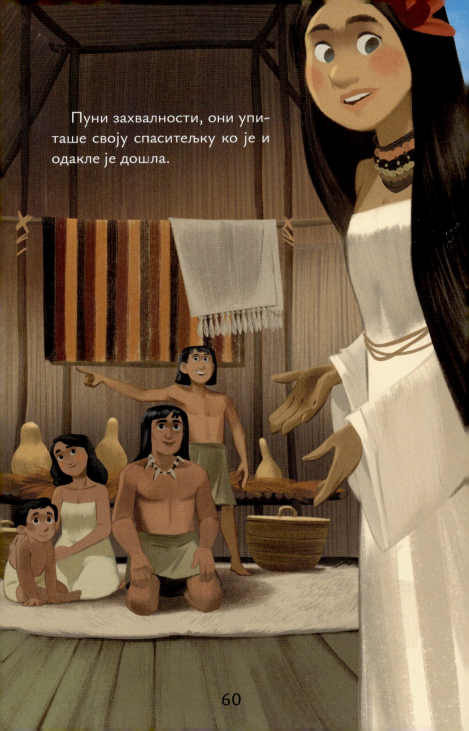

Пуни захвалности, они упи-
таше своју спаситељку ко је и
одакле је дошла.

„Зовем се Тао Ма, и бавим се изучавањем лековитог тропског биља. Путовала сам на разна острва, учила од травара и лечила људе. За време једне олује пала сам са брода и допливала до малог пустог

острва, на којем није било ни хране ни воде. Плакала сам и молила се за помоћ. Тада се догодило чудо — свакога дана ми је морска струја доносила по неколико кокосових ораха. Јела сам свеже плодове и пила воду из њих. Тако сам преживела до данас. Недавно сам коначно довршила сплав од кокоса, љуски и влакана, те запловила њиме и, ево, океан ме је довео до вас", испричала им је незнанка.

Острвљани јој рекоше ко је свакога дана бацао
кокосове орахе у таласе и представише јој Ђао Пеа.
Недуго потом берач кокосових ораха и девојка
са косом до земље учинили су оно што се од њих
и очекује на крају једне бајке. Свечана церемонија
је, наравно, била обављена испод оне старе, пови-
јене палме.

Једини сиви

У једној далекој земљи живели су планински мајмуни дречавог наранџастог крзна и небескоплавих лица. Њихов краљ звао се Покварени Семафор. Био је веома суров, што би се и очекивало од некога ко влада разузданом гомилом горских мајмуна. Међутим, Покварени Семафор је уз то био и заиста покварен, и то непоправљиво.

Највећа опасност за та прашумска бића беше огромна црна птица – сова харпија Тамаперка (по рођењу се звала Тамара Перић, али је, да би била препознатљивија, своје име скратила у поменути псеудоним) на чијој је територији племе живело. Она се, поред осталог, радо хранила и наранџасто--плавим мајмунима.

Још давних дана Покварени Семафор и опака птичурина склопили су грозни договор – племе је Тамаперки сваке осме ноћи после пуног месеца приносило једно младунче и остављало га везаног на Сивој стени, као грозну, свечану гозбу. Зли краљ је направио ову уроту са грабљивицом само зато што се бојао да страшна птица једном не поједе њега.

Мајмуни су га мрзели због тога, али нико није смео да му се супротстави – Покварени Семафор био је крупан, јак и кошчат мужјак.

Једне олујне ноћи роди се младунче које није било наранџасто-плаво. Мајмунче, коме мајка надену име Изу Зе Так, беше сасвим сиво и неугледно.

„Охохо, ево кандидата! Таман кад досегне прописану величину, послаћу га да се дружи са птичицом“, весело помисли Покварени Семафор чим је угледао малишу неугледне сиве боје.

    Мајка Изу Зе Така је схватила краљев опаки наум и хранила је своје чедо тек помало, да би што спорије расло. Међутим, сиво мајмунче је ипак би- вало све веће, како већ сам живот налаже.

Ускоро краљ изабра сивог младунца за слање
сови, што не беше велико изненађење ни за кога.
Изу Зе Такова мајка била је очајна и једва је одво-
јише од малише. Остаде јој само да се моли шум-
ским духовима да спасу њено мајмунче.

Малишу однесоше на Сиву стену и чврсто везаше лијаном за ногу. Потом се повукоше, остављајући Изу Зе Така да сачека пун месец и своју страшну судбину. Иако су се јецаји његове мајке чули до дубоко у ноћ, мајмунче од себе није пуштало ни гласа. Само је легло потрбушке и мирно заспало.

Негде око поноћи харпија полете по свој оми-
љени, годишњи оброк. Остала шумска бића нису
знала да је птица била већ прилично времешна,
те јој је и вид помало ослабио. Када је надлетела
Сиву стену, она чак ни на јакој месечини не при-
мети сиво мајмунче на сивом камену, те подивља.

„Проклети Покварени Семафор покушава да ме превари! Сада ћу му показати шта се догађа онима који пркосе Тамаперки!", помисли и бесно се упути ка шуми.

Из прве пронађе злог краља на највишој кро-
шњи, зграби га и, док је Покварени Семафор избез-
умљено вриштао, однесе у своју тамну дупљу.

Пошто је краљ био веома крупан и кошчат, стара птица се при једном од превеликих залогаја угуши, па тако те ноћи планина оста без оба тиранина.

Сиво младунче ослободише и прогласише га за спасиоца, а на првим поштеним изборима и за новог краља – Изу Зе Така Првог Сивог.

Храстова шума

Mала Силва је живела у сеоцету ушушканом у долини између високих планина. Недалеко од њене куће налазила се храстова шума. Сваки слободан тренутак проводила је под великим крошњама. Она је заиста волела та голема, непокретна створења, и осећала је да и дрвеће воли њу. Када би падала киша или сунце прејако грануло, велике биљке би савијале гране и правиле зелени застор изнад девојчице.

У самом средишту налазио се краљ шуме, пра-
стари храст бајковитог изгледа, окићен маховином,
вишебојним гљивама и бокорима разноликог шум-
ског растиња. По његовом џиновском расту било
је лако закључити да је отац читаве шуме – ту је

никао први и даровао живот свему
унаоколо. Извирао је увис из сплета
крупног, изувијаног корења, у чијем је
окриљу Силва често лежала и сањарила.

Када год би била тужна, девојчица је трчала у своје скровиште, у тмину шуме. Ту би свака туга из ње чилела брзо и лако, чак и из сећања. Сменила би је неодређена радост живљења, чудан осећај да је једно и са шумом и са свим њеним бићима.

Ипак, одрастање под вољеним крошњама није јој било суђено. Силвини родитељи јој саопштише да морају да се преселе у град.

„Овде се више не можемо прехранити. Идемо тамо где нам опстанак неће сасвим зависити од ћуди природе", рекоше јој озбиљно.

Силва је плакала читаве ноћи. Ујутру је отрчала у своју шумицу и са сваким стаблом се дуго опраштала. Чинило се да се и сама шума сасвим утишала. Када је, на крају, загрлила и огромно стабло

Оца шуме, прастарог храста у њеном средишту, тло око девојчице поче да добује. Она се осврте и схвати да око ње падају крупни жиреви. Пажљиво их је сакупила, прихватајући их као дар за растанак.

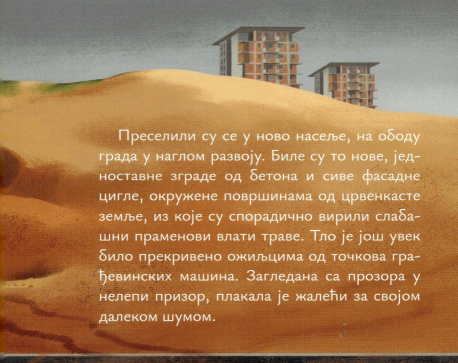

Преселили су се у ново насеље, на ободу града у наглом развоју. Биле су то нове, једноставне зграде од бетона и сиве фасадне цигле, окружене површинама од црвенкасте земље, из које су спорадично вирили слабашни праменови влати траве. Тло је још увек било прекривено ожиљцима од точкова грађевинских машина. Загледана са прозора у нелепи призор, плакала је жалећи за својом далеком шумом.

Већ прве ноћи Силва се искраде из стана, који је оштро мирисао на брушени метал и лак за столарију. Она клечећи посади жиреве у посну земљу, на коју су капале сузе низ њене образе.

Ушуњала се назад у стан и заспала тек пред свитање. Пробудили су је живи жамор и брундање возила. Када је погледала кроз прозор, угледала је призор који никада неће заборавити. Гомила света, новинарских екипа и полицијских возила окупила се око прелепе шуме високих, разгранатих храстова. Севали су блицеви фото-апарата, неки људи су певали побожне стихове.

Вест о необјашњивом чуду и ноћном ницању храстове шуме прошири се надалеко.

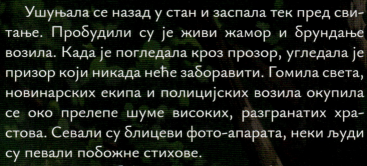

Једно време приступ шуми обезбеђивала
је војска, неко време потом само полиција.
Људи у униформама и научници полако пре-
сташе да је обилазе, вероватно разочарани
недостатком разумног објашњења о њеном
настанку.

Само је Силва знала тајну, и никада је ни-
ком није спомињала.

Ускоро уклонише и ружну пластичну ограду ко-јом су заробили Силвину шуму. Девојчица је по-ново била срећна и имала своје раскошно уточиште.

Новински чланци о самониклом чуду пожутеше од прохујалог времена. Под крошњама самоникле шуме играла су се Силвина деца. И потом њихова деца. И њихова деца.

Музеј
заī‾онеш‾них
‾предмеш‾а

остојала је, на самом ободу града, једна необична зграда названа Музеј загонетних предмета. У њему се налазила драгоцена збирка стварчица чија се сврха није могла схватити тек тако, на први поглед. Људи су долазили и забављали се силним покушајима да одгонетну праву намену изложених предмета.

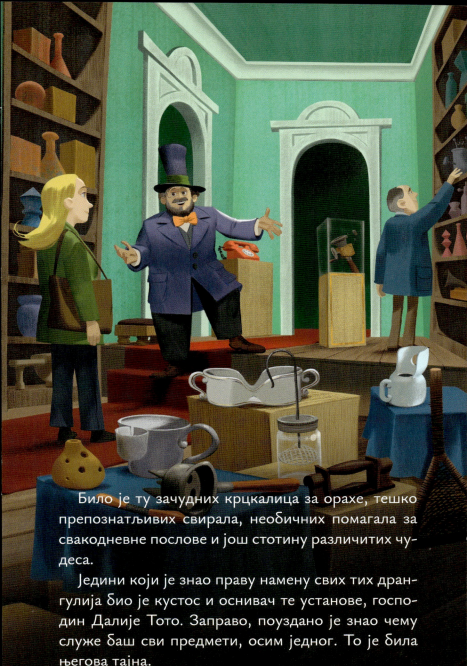

Било је ту зачудних крцкалица за орахе, тешко препознатљивих свирала, необичних помагала за свакодневне послове и још стотину различитих чудеса.

Једини који је знао праву намену свих тих дрангулија био је кустос и оснивач те установе, господин Далије Тото. Заправо, поуздано је знао чему служе баш сви предмети, осим једног. То је била његова тајна.

Наиме, једном је на Источном вашаришту про-
нашао и купио скаламерију која је изгледала толико
уврнуто да није могао да јој одоли. Био је сигуран да
ће брзо, макар и уз нечију помоћ, открити о каквом
предмету је реч. По његовој сложеној конструкцији

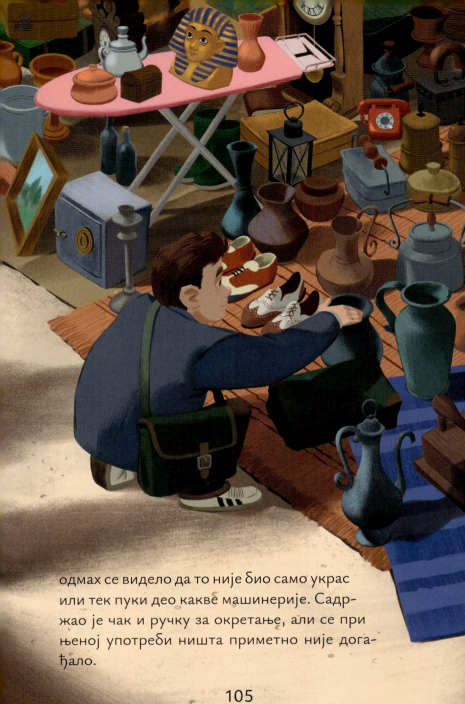

одмах се видело да то није био само украс
или тек пуки део какве машинерије. Садр-
жао је чак и ручку за окретање, али се при
њеној употреби ништа приметно није дога-
ђало.

После много година мозгања и истраживања предмет оста загонетан чак и за њега. Господин Тото је био очајан – толико је размишљао о том предмету да је једва спавао, а када неко недовољно спава, онда је читавог дана недовољно и будан.

Једне од бесаних ноћи кустос пред прозором о који су ударале кишне капи замоли небеса да му помогну да реши мистерију која га је мучила. Баш тада загрме, али се, макар наоко, не деси ништа друго.

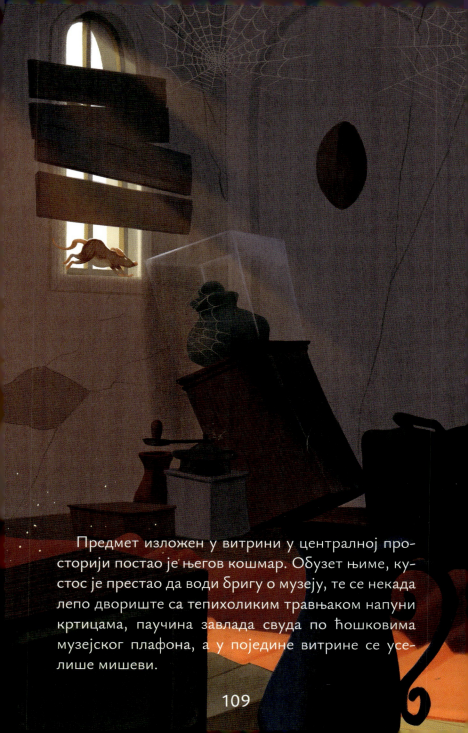

Предмет изложен у витрини у централној просторији постао је његов кошмар. Обузет њиме, кустос је престао да води бригу о музеју, те се некада лепо двориште са тепихоликим травњаком напуни кртицама, паучина завлада свуда по ћошковима музејског плафона, а у поједине витрине се уселише мишеви.

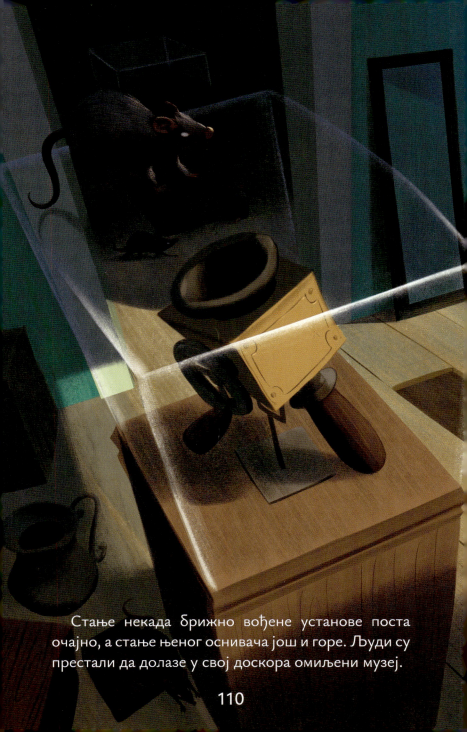

Стање некада брижно вођене установе поста очајно, а стање њеног оснивача још и горе. Људи су престали да долазе у свој доскора омиљени музеј.

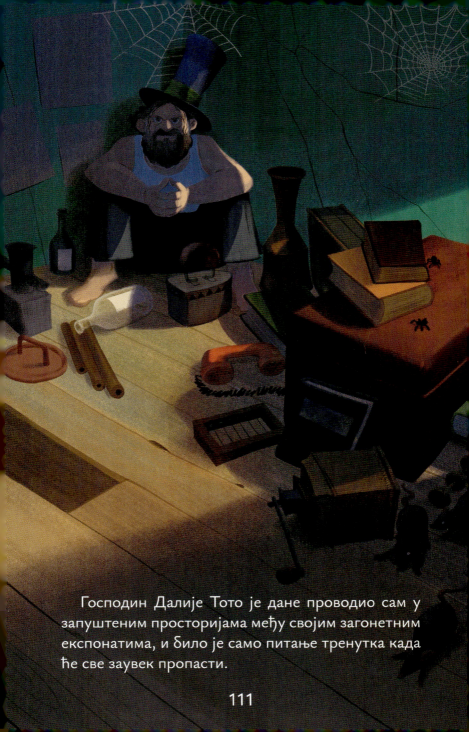

Господин Далије Тото је дане проводио сам у запуштеним просторијама међу својим загонетним експонатима, и било је само питање тренутка када ће све заувек пропасти.

Једном је тако седео и плакао, беспомоћно наслоњен баш на витрину са загонетним предметом који је претио да заувек уништи и њега и његову установу. Сузе кануше на прашњаво стакло.

Тада капи као да заиграше по водоравној провидној површи, рачвајући се у различитим правцима те се групишући у китњаста слова. Господин Далије протрља очи, посматрајући ово чудо са неверицом.

У течним нитима исписа се:
„Покушај сад!"

Кустос одмах отвори витрину, извади *онај* предмет, окрете ручку, и гле чуда: сви мишеви, паукови и кртице се разбежаше од људима нечујног тона, који је очигледно успешни растеривач штеточина производио.

„То је то! То је то!“, узвикивао је он радосно, скакућући унаоколо као дечак.

Господин Далије никада није био сасвим начисто да ли су сама небеса уредила да он толико клоне, што је, очигледно, било неопходно да дође до толико жељеног решења мистерије.

Знао је само да ће његов Музеј загонетних предмета још колико сутра добити свој стари сјај и углед.

Берачица
чаја

Mала Ајвија је брала листове дивљег чаја и продавала их на пијаци, издржавајући тако себе и своје магаре. Бринула би се она још о коме, само да га је имала.

Умела је да маленим прстима изабере најлепше листове чаја и људи су волели да код ње купују биљку за свој омиљени напитак. Све што би набрала, утоварила на своје магаре и дотерала на пијацу, лако би продала.

Њен успех са завишћу је посматрао човек са шеширом широког обода, стари Вансебе. Његова велика тезга са чајевима није радила ни упола тако добро као Ајвијина преврнута кутија. Он је знао да девојчица нема никога на свету осим свог магарета, и сковао је страшан план.

Једног се јутра Вансебе сакрио у жбуње чаја и сачекао да Ајвија приђе берући листове. Зграбио ју је за ручице, везао је, те ју је стрпао у велику берачку корпу на магарету.

Тако их је одвео на своје усамљено имање и
држао их као робове, терајући их да раде од јутра
до мрака. Док је он био на пијаци, чувала их је
његова стара жена Мадам Недам. И Ајвија и магаре
су били веома тужни.

Људи на пијаци приметише да је њихова
омиљена продавачица чаја нестала.
„Где ли су Ајвија и магаре?", питали су се.

Ајвија једног магловитог јутра на неколико листова чаја исписа тајне поруке, знајући да ће их старац са остатком гомиле однети на своју тезгу. Поруке нису могле бити дугачке, јер би у

супротном биле толико ситне да би биле непри-
метне и нечитке.

Гласиле су кратко:

Имање Вансебе. Хитно дођите! Ајвија

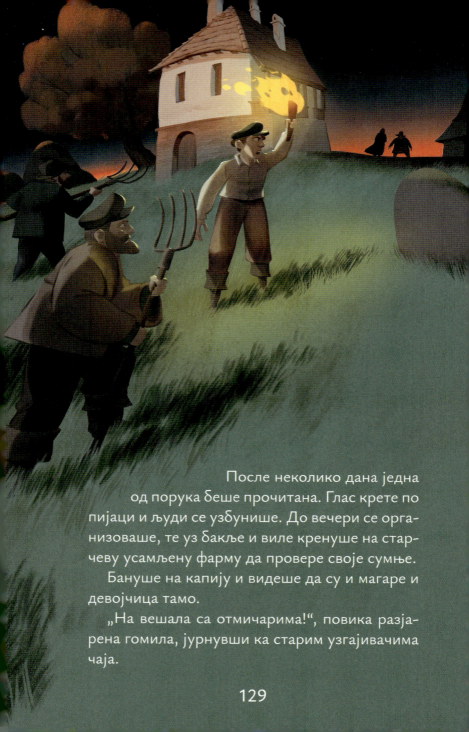

После неколико дана једна
од порука беше прочитана. Глас крете по
пијаци и људи се узбунише. До вечери се орга-
низоваше, те уз бакље и виле кренуше на стар-
чеву усамљену фарму да провере своје сумње.

Бануше на капију и видеше да су и магаре и
девојчица тамо.

„На вешала са отмичарима!“, повика разја-
рена гомила, јурнувши ка старим узгајивачима
чаја.

Тада се догоди нешто заиста неочекивано.

„Не дирајте ми баку и деку!“, узвикну девојчица.

Сви се у чуду окренуше ка њој.

„Ја сам их замолила да ме приме да живим са њима, да не будем више сама. Заузврат што су ми помогли, помажем и ја њима. Ето, примили су чак и моје магаре“, слага она.

„А она порука?“, упита неко.

„Била сам усамљена, играла сам се, правила позивнице за рођендан...“, рече девојчица не трепнувши.

Када се збуњена гомила повуче својим кућама, стари Вансебе и његова жена се горко исплакаше пре него што су почели да се извињавају племенитој девојчици, чак и њеном магарету. Понудише им покајнички да заиста остану с њима као чланови породице и обећаше да ће девојчицу пазити као своју праву унуку.

Ајвија је пристала на такав договор, јер јој се чинило да су старци заиста искрени и у покајању и у понуди. Тако је и било.

Када су стари Вансебе и Мадам Недам отишли да гаје небеска поља, све су и званично оставили њој. Како је Ајвија била вредна и паметна девојчица, она толико разви посао са чајем да је проширила имање и основала извозну фирму „Ајвија и магаре“.

Удала се једног дана за принца чувеног презимена, кога је изабрала међу много просаца, али име компаније ни тада није желела да промени – она се и данас зове „Ајвија и магаре“, и извози врхунске листове чаја у сто деветнаест земаља света.

А знате ли зашто се ова прича убраја у бајке? Па, иза читавог генијалног плана стајало је заправо – магаре.

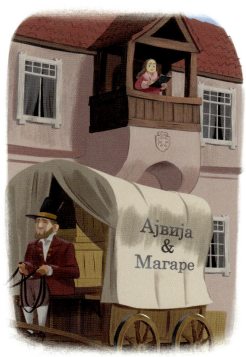

Урош Петровић
БАЈКЕ
ДРУГИХ СЕДАМ

За издавача
Дејан Папић

Уредник
Мина Кебин

Лектура и коректура
Драгана Матић Радосављевић
Саша Бошковић

Слог и прелом
Јелена Радојичић

Дизајн корица
Урош Петровић и Јелена Радојичић

Штампа и повез
Ротографика, Суботица

Тираж
8000

Београд, 2023.

Издавач
Лагуна, Београд
Краља Петра 45/VI
Клуб читалаца: 011/3341-711
www.laguna.rs
e-mail: info@laguna.rs

CIP - Каталогизација у публикацији
Народна библиотека Србије, Београд

821.163.41-344
ПЕТРОВИЋ, Урош, 1967-
    Бајке : других седам / Урош Петровић ; илустровао Александар
Золотић. - Београд : Laguna, 2023 (Суботица : Ротографика). - 134 стр. :
илустр. ; 20 cm Тираж 8.000.

ISBN 978-86-521-4969-8
1. Золотић, Александар, 1987- [илустратор]
COBISS.SR-ID 121494025